Lass ab und zu die Seele baumeln

Mit Texten
von Dorothée Bleker

Fotokunst-Verlag Groh • Wörthsee bei München

Sich an jedem Tag
kleine Pausen der Entspannung gönnen
und bewusst zwischendurch einmal
sich etwas Gutes tun, kann so richtig
erholsam sein.

Offen bleiben für alle unvorhersehbaren
Ereignisse und Augenblicke,
für jede Begegnung, jeden Blick,
und Vitamine des Herzens sammeln,
wo immer Gelegenheit dazu ist:

Wie schön ist es, ab und zu
die Seele baumeln zu lassen.

Lass dich überraschen

Herrlich, die Pflichten einmal
für kurze Zeit hinter sich zu lassen.
Vergiss die Sorgen und unternimm
unbeschwert etwas Schönes, einfach das,
wozu du gerade ganz spontan Lust hast.

Vielleicht schwingst du dich aufs Fahrrad,
radelst allem davon und lässt dich überraschen,
was dir unterwegs so begegnen mag.

Lass dich ein
auf das Abenteuer „Leben",
und du wirst immer wieder
überrascht und beschenkt.

Lore-Lillian Boden

CINZIA

Komm, lieber Mai …

An einem der ersten Maitage
auf einer saftigen grünen Wiese zu liegen,
inmitten von blühendem Löwenzahn,
den Duft der frischen Frühlingsluft,
der ersten Birnbaumblüten in der Nase – traumhaft!
Wenn man den Blick auf die zarten Weidenkätzchen
und den blauen Himmel richtet, die Augen schließt
und einfach nur die warme Sonne auf der Haut spürt,
möchte man am liebsten die Zeit still stehen lassen.

Man kann einen seligen,
seligsten Tag haben,
ohne etwas anderes
dazu zu gebrauchen
als blauen Himmel
und grüne Frühlingserde.

Jean Paul

Das erste Frühstück „draußen“

Sobald es wärmer wird und die ersten
beständigen Sonnentage bunte Sommergefühle
wachrufen, freut man sich, wieder im Garten
oder auf dem Balkon sitzen zu können.
Die Gartenmöbel werden eifrig geputzt,
schnellstens hinausgestellt und kleine
Blumentöpfe oder Balkonkästen bepflanzt,
um das erste Frühstück „draußen“
in vollen Zügen zu genießen.

Wenn dann noch
frisches Brot und heißer Kaffee
ihren Duft verströmen und Appetit
auf ein ausgiebiges Frühstück machen,
geht es einem so richtig gut.

Erdbeerzeit

Endlich, die ersten frischen Erdbeeren.
Nun geht es wieder los – vollbepackt mit
Körben und Eimern, Kisten und Wannen
sieht man sie wieder über die Erdbeerfelder
ziehen: ganze Familien mit einem großen
Gefolge im Schlepptau und rüstige Senioren
mit einer geradezu faszinierenden
Pflückerausrüstung.

Wenn es dann nach frischem Erdbeerkuchen
und heißer Marmelade duftet, überall die Schilder
„Frische Erdbeeren mit Sahne“ zu lesen sind
und die Eisdielen mit ihren Erdbeerbechern
kaum noch nachkommen, weiß man:
Entweder jetzt oder nie!

Schreib mal wieder

Heute nehme ich mir einmal Zeit, um dir
ganz ausführlich von den Erlebnissen
der letzten Tage zu erzählen.
Ich ertappe mich dabei, wie ich insgeheim lächelnd
schon dein gespanntes Gesicht vor Augen sehe,
wenn du diesen Brief öffnest.
Schön, sich in Gedanken auszumalen, wie du dir
extra ein gemütliches Plätzchen ausgesucht hast,
um diesen Brief zu lesen, vielleicht ein Glas Wein,
eine Tasse Tee dabei.

**Wenn man einander schreibt,
ist man wie durch ein Seil verbunden.**

Franz Kafka

Land und Leute am Rhein.
MAGNUM

Vitamine des Herzens

Manche Menschen scheinen richtige Lebenskünstler zu sein. Oft sind sie gut gelaunt und zufrieden mit sich und der Welt. Sie nehmen vieles mit einer lockeren Gelassenheit und strahlen eine Spontaneität und Herzlichkeit aus, dass man einfach gerne in ihrer Nähe ist.

Vielleicht liegt es daran, dass sie nicht nur im Urlaub entspannen, sondern auch im Alltag ihre Arbeit einmal loslassen können. Sie gönnen sich öfter eine Auszeit von allen Anspannungen und nehmen sich Zeit für das, was ihnen persönlich Freude macht. So ist ihr Herz mit allen Vitaminen versorgt, die es braucht.

**Heiterkeit des Herzens
schließt wie der Frühling
alle Blüten des Inneren auf.**

Jean Paul

Ein lang gehegter Wunsch

Wie schön ist es, sich einen kleinen
oder auch großen Herzenswunsch zu erfüllen.

Vielleicht einen Urlaub, von dem man
lange geträumt und für den man immer wieder
ein wenig Geld auf die Seite gelegt hat.
Oder das ganz besondere Kleid, das nun
schon seit Wochen im Schaufenster hängt.
Für das du jeden Tag einen Umweg
nach Hause gemacht hast, nur um es
noch einmal bewundern zu können.
Vielleicht ist es auch die teure neue Teesorte,
von der dir jemand so sehr vorgeschwärmt hat,
dass du sie dir schon lange einmal leisten wolltest.

Lass den Stress hinter dir

Kinder leben ganz im Hier und Jetzt.
Sie machen sich keine Sorgen
um den nächsten Tag, sondern haben
einfach Zeit für das, was sie gerade tun.
Kinder können frei und unbeschwert
auf andere zugehen, einfach so –
und sind dann mit ganzem Herzen dabei.

Schalt einmal ab und lass den Stress hinter dir.
Für einen Augenblick lang aus der
ernsten Erwachsenenwelt
einzutauchen in die bunte Phantasiewelt
eines Kindes, kann so richtig gut tun.

Die Welt mit neuen Augen sehen

Manchmal geht wirklich alles schief.
Dann fällt es schwer, noch optimistisch
und tatkräftig seine Aufgaben anzupacken.

Wichtig ist, dass man dennoch gelassen bleibt
und etwas Missglücktes auch einmal hinter sich
lassen kann. Mit ein wenig Abstand betrachtet
sehen manche Dinge plötzlich ganz anders aus.
Und nach einer kleinen Ruhepause kann man
die Welt oft wieder mit neuen Augen sehen.

Wende dein Gesicht der Sonne zu
und dem Sturm deinen Rücken.

aus Irland

Gönn dir etwas Gutes

Zwischendurch ist es so richtig erholsam,
sich etwas Schönes zu gönnen:
Man kocht sich ein leckeres Essen,
für das man vorher auf dem Markt einkauft.
Schon beim Einpacken der frischen Sachen
bekommt man einfach gute Laune.
Vielleicht kauft man sich auch
als Belohnung für eine gute Leistung
ein spannendes Buch oder eine CD.
Oder man verbringt ein gemütliches Stündchen
in der Badewanne, während man ausgiebig
mit einer guten Freundin telefoniert oder sich
bei leiser Musik, vom duftenden Badeöl
eingehüllt, langsam entspannt.

Frische Kräfte tanken

„Nein" sagen zu können ist gar nicht so leicht.
Stets meint man, unabkömmlich zu sein und
alles selbst machen zu müssen.
Aber irgendwann sind auch die größten
Reserven erschöpft. Such dir zwischendurch
öfter einmal eine „Insel des Ausruhens",
auf der dir frischer Wind um die Nase weht!
Erholt und mit neuen Kräften kann es
nach einer Entspannungspause weitergehen –
und das innere Gleichgewicht
ist wieder im Lot.

**Inseln des Ausruhens,
über den Tag verteilt, können
die Landschaft des Lebens
verändern.**

J. Harvey

Wer hat das in dein Herz geschrieben?

Das ist schon ein zauberhaftes Gefühl, zu wissen:
Wo du auch gerade bist, was du auch gerade machst –
irgendwo denkt jemand genauso fest an dich
und schwebt auf einer kleinen rosa Wolke
über dem Alltagstrubel wie du.
Alles siehst du mit leuchtenden Augen
und bist blind für alle grauen Farben.
Herzklopfen und Frühlingsgefühle färben den Tag
so bunt, dass alles um dich herum
wie verzaubert scheint.

Zeit für Träume

An einem Sommertag
auf einer sonnenbeschienenen Bank sitzen
oder die Hängematte im Garten aufspannen
und sich behaglich hineinlegen, um zu träumen,
kann so erfrischend sein, dass man sich anschließend
wie neu geboren fühlt.

Seiner Phantasie einmal freien Lauf zu lassen
und bunte Luftschlösser zu bauen,
gibt eine innere Gelassenheit gegen
hektischere Stunden des Tages, mit der man
gewappnet ist gegen so manchen Sturm.

**Wer niemals träumt,
verschläft sein schönstes Leben.**

Friedrich Rückert

EINFACH
SAGENHAFT!

Offen bleiben für Entdeckungen

In der heutigen Berufswelt
ist manches nicht mehr so leicht.
Manchmal weiß man gar nicht, welche Stufe
als nächstes zu erklimmen ist und wo sie hinführt.
Wie wichtig ist es doch da, einfach offen zu bleiben
für Unvorhersehbares im Leben.
Oft entdeckt man sogar etwas ganz Neues,
von dem man vorher gar nicht wusste,
dass es einem liegt.

Und wenn auch einmal nicht alles so läuft,
wie du es dir vorgestellt hast:
Es gibt so viele schöne Erlebnisse am Wegesrand,
für die es einfach die Augen offen zu halten gilt.

Abseits der Straße beginnen die Entdeckungen.
Hellmut Walters

Den Abend genießen

Sich einfach zurücklehnen nach getaner Arbeit,
vollkommen abschalten und sich einmal nur
Zeit und Ruhe für sich selbst nehmen,
ist schon ein gutes Gefühl.
Noch ein Gläschen Wein oder etwas Süßes für die Seele,
und schon nimmt einen diese wohlig-entspannende
Feierabendstimmung gefangen.
Vielleicht kommen noch spontan
gute Freunde zu Besuch oder dir fällt ein,
dass du lange nicht mehr beim Nachbarn
vorbeigeschaut hast – jedenfalls
gehört der Abend dir und deinen Ideen.

LEINBROCK
IDEAL

Freude steckt an

Von Herzen zu lachen,
sich übermütig und ausgelassen
zu freuen, kann andere regelrecht anstecken.
Manchmal weiß man gar nicht,
wer eigentlich angefangen hat, aber
irgendwie kann keiner mehr aufhören.
Genieße diese Augenblicke der Freude,
lass dich ganz auf sie ein und spüre:
Lachen ist gesund.
Wenn man dann noch hin und wieder
ein wenig über sich selbst schmunzeln kann,
macht das Leben einfach noch mehr Spaß.

**Frohsinn und Fröhlichkeit
gehören zu den wunderbarsten
und reichsten Kraftquellen
für die Seele.**

Johannes Messner

Schön, dass es dich gibt

Wie hab' ich mich auf diesen Tag gefreut.
Endlich ziehen wir wieder gemeinsam los:

Vielleicht bummeln wir durch die Straßen,
sitzen in einem gemütlichen Café und beobachten
amüsiert die Leute. Oder wir verabreden uns
zu einem Picknick im Grünen und
faulenzen einfach nur in der Sonne.
Wir genießen die Gegenwart des anderen
und freuen uns, dass er da ist.

Ein Stern in deinen Augen

Einem lieben Menschen eine Freude zu machen,
sein strahlendes Gesicht zu sehen, tut einfach gut.
Sich vorher gespannt auszumalen,
wie er wohl reagieren, was er nur sagen wird –
was für ein Gefühl kann das sein.
Wenn er dann mit glänzenden Augen
den bunten Sommerstrauß in den Händen hält,
ist so manche Anspannung, so mancher
Alltagsstress wie im Fluge vergessen.
Man fühlt sich selbst so leicht und froh,
dass man sich fast fragen muss, wer eigentlich
wirklich der Beschenkte ist …

Die Welt steht dir offen

Vorfreude auf den Urlaub kann schon
die hektischen Wochen davor verzaubern.
Ungeduldig wartest du auf den Moment,
wo du die Tür hinter dir schließen kannst.
Du freust dich übermütig auf Erkundungstouren
voller Überraschungen in der neuen Gegend
und merkst, wie du mit dem ersten Sprung
ins klare Wasser eine kühle Frische tankst,
die noch lange, lange reicht!

**Die Vorstellung ist wundervoll,
aber noch wundervoller ist das Erlebnis.**

Oscar Wilde

Ein Duft liegt in der Luft ...

In aller Ruhe über den Jahrmarkt schlendern,
den Duft von frisch gebrannten Mandeln in der Nase.
Nach Herzenslust über den Töpfermarkt bummeln
und vielleicht sogar etwas entdecken,
von dem man bisher gar nicht wusste,
dass es einem fehlt.
Vor der Geisterbahn und dem großen Riesenrad
kommen Erinnerungen auf: Was war das
für ein Gefühl, als Kind mit leuchtenden Augen
und klopfendem Herzen davor zu stehen
und den ersten Schritt auf die Rampe zu wagen.
Und auch jetzt beschleicht einen dieses
schaurig-schöne Gefühl, wenn das Riesenrad anfährt.

Wie schön kann das Leben sein

Auf einer Wanderung
erschöpft und müde, aber glücklich
an einer kristallklaren Quelle
anzugelangen, mit beiden Händen
das eisige Wasser aufzufangen
und langsam den ersten kühlen Schluck
zu nehmen – herrlich.
Erst jetzt öffnet sich der Blick wieder
ganz der überwältigenden Landschaft –
ein tiefer Atemzug, und man weiß,
wie schön das Leben ist.

Es gibt keinen Ersatz für das Leben.
Arthur Rubinstein

Ich wünsche dir
einen offenen Blick für alle
kostbaren Augenblicke.

Nimm dir Zeit,
um nach den Sternstunden
jedes neuen Tages zu greifen
und sie ganz bewusst wahrzunehmen.
Lass ab und zu die Seele baumeln
und gönn dir immer wieder
kurze Pausen der Entspannung
und Erholung – dann kann dein Weg
mit frischen Kräften weitergehen.

Über die Autorin:
Dorothée Bleker studierte Germanistik und Klassische Philologie an der Westfälischen Wilhelms-Universität Münster. Ihre Freude am Schreiben konnte sie schon während des Studiums erfolgreich erproben. Ebenfalls von Dorothée Bleker gibt es im Fotokunst-Verlag Groh die beiden Geschenkbüchlein „Lass den Stress mal hinter dir" und „Alles Liebe".

In der Reihe „Freude am Leben" sind bereits erschienen:
„Schön, dass wir Freunde sind" (E. Uhlig/M. Waas), „Freude verzaubert den Tag" (S. Vierthaler), „Neues wagen und gewinnen" (R. Rau) und „Kleine Inseln des Glücks" (U. Kohaupt).

Bildnachweis:
Titel und S. 37: Wolfgang Dreyer; S. 5: Ullrich-Jürgen Schönlein; S. 7: TH-Foto-Werbung; S. 9: Dieter Letter; S. 11: Georg Popp; S. 13: Klaus Wendt; S. 15: Micha Pawlitzki; S. 17: Reinhard Siegel; S. 19: Horst Schunk; S. 21: Dieter Letter; S. 23: Joachim Heller; S. 25: Doris Klees-Jorde; S. 27: Wolfgang Dreyer; Rückseite und S. 29: Wolfgang Dreyer; S. 31: Ullrich-Jürgen Schönlein; S. 33: Anna Porizka; S. 35: Georg Popp; S. 39: Hans Jürgen Sittig; S. 41: Dorothée Bleker; S. 43: Wolfgang Dreyer; S. 45: Peter Santor; S. 47: Willi Rauch.

Trotz aller Bemühungen ist es uns nicht in allen Fällen gelungen, die Rechteinhaber der im Buch zitierten Texte ausfindig zu machen.

ISBN 3-89008-554-7

Wörthsee bei München